Pit Vogt

PFÜTZEN
in
der
NACHT
Gedichte

Idee, Design & Layout: Pit Vogt

Alle Texte sind frei erfunden

Impressum

Herstellung und Verlag:
BoD - Books on Demand GmbH, Norderstedt
ISBN 978-3-7519-7072-3

Pfützen in der Nacht

Angst und Wut in dieser Nacht
Tief in mir bei Vollmondlicht
Bin längst um den Schlaf gebracht
Irgendwo in dieser Nacht
Und ich weiß,
Du bist es nicht

Nass die Straßen, die ich geh
Einsamkeit sticht sich durchs Hirn
Nirgendwo ein Licht ich seh
Gar nichts, was ich jetzt versteh
Und es schmerzt in Aug und Stirn

Stolpere durch tiefe Pfützen
Flieh behänd vor irgendwas
Was kann all der Hass mir nützen
Überall nur Regenpfützen
Meine Seel wäscht selbst sich nass

Hagel schlägt ins Angesichte
Muffig manch´ Gestank um mich
Hier, fernab von Stadt und Lichte,
Sind die Träume öd und triste
Gar nicht weit vom
Drogenstrich

Wahn, Verzweiflung lähmt die Sinne
Und ein Virus kriecht ums Eck
Krächzend, rau die kranke Stimme
Übern Schotter kriecht manch´ Spinne
Ratten fressen jeden Dreck

Wie ein Alb droht alles Dunkel
Diese Nacht
Nur Furcht und Gram
Keine Stimme,
Kein Gemunkel
Keine Sterne,
Kein Gefunkel
Wann bricht nur der Morgen an

Da, ein Lichtstrahl teilt die Trübe
Ist´s der Morgen, der da kommt
Schlamm in Pfützen
Wenig Liebe
Schmutzig diese Alltagsbrühe
Die wohl keinen lang verschont

Und ich starr zum Himmel wieder
Doch der Morgen kommt noch nicht
Diese Nacht stirbt ohne Lieder
Stülp mir die Kapuze über
Pfützen spiegeln nachts kein Licht

Dunkelheit

Alles ist dunkel
Es geht nicht mehr weiter
Gegen den Tod bleibt mir nicht mehr sehr viel
Ich komm nicht mehr vorwärts
Ich werd nicht gescheiter
Vorbei scheint mein Leben
Vorbei auch mein Ziel

Die Menschen da draußen,
Die leben und lachen
Sie haben geschafft, was mir selbst nicht vergönnt
Der Gott in den Wolken
Wollt mich nicht bewachen
Er hat mich vergessen
Er wollt nichts mehr machen
Wohl hat er die Bösen und Schlechten verwöhnt

Nie hätt ich gedacht, dass mein Leben so endet
Zerstört meine Träume,
Die Hoffnung vergeht
Die Jahre sind fort, im Nirvana verschwendet
So bleib ich zurück nun,
Im Unglück verendet
Frustriert und vereinsamt,
Vom Winde verweht

Das Ende

Alles bricht total zusammen
Machtlos glotz ich in ein Loch
Alles steht total in Flammen
Und ich hoffe immer noch

Nein, mein Glaube ist zerbrochen
Geht's bergab, ist keiner da
Und der Teufel kommt gekrochen
Alles schwarz eh ich´s versah

Hilflos starr ich in die Tiefe
Und ich fall und fall und fall
Manchmal ists, als ob wer riefe
Doch wars nur ein Donnerknall

Hatte so viel tolle Träume
Allesamt sind sie zerplatzt
Dachte nie, das ich´s versäume
Weiß nur eins:
Ich hab´s verpatzt

Hilfe gab es wahrlich keine
Ganz allein,
So schafft man´s nicht
Menschen sind schon üble Schweine
Ohne Anstand und
Gesicht

Das was bleibt, ist trüber Nebel
Der deckt die Ruinen zu
Tief im Mund ein dicker Knebel
Viel zu groß sind mir die Schuh

Dieses Leben ist zu Ende
Nirgendwo ein Hoffnungsschweif
Ach, es zittern mir die Hände
Auf der Seele:
Abendreif

Hab mich dutzend Mal erfunden
Alles fiel zusammen bald
Klarer ward es Stund um Stunden:
Bin vereinsamt
Tief im Wald

Wut

Ich schlag dich tot
Hast du gebrüllt
Die Luft wird dünn und du willst raus
Dein Kopf von Wut und Hass erfüllt
Und keiner da,
Der all das stillt
Du schließt dich ein in deinem Haus

Du prügelst dich durch deine Zeit
Schon atemlos kriechst du umher
Von keinem Zwang bist du befreit
Du fühlst dich dämlich,
Kaum gescheit
Und Gottes Glaube fällt dir schwer

Nicht einen Schritt kommst du voran
Und deine Nachbarn grinsen blöd
Fürwahr,
Du bist kein Supermann
Der Teufel schickt dir Hohn und
Gram
Dein Lachen scheint vom Wind verweht

Dein Glück rinnt dir flugs durch die Hand
Du hältst es nicht,
Lang ist es fort
Mit deinem Kopf geht's durch die Wand
Und deine Wünsche sind wie Sand
Da, wo du bist,
Ein dunkler Ort

Wie kommst du aus der Scheiße raus
Dir fehlt ein Rat,
Ein rechter Weg
Du bist doch keine graue Maus
Und alles sieht nicht furchtbar aus
Und alle Leute sind nicht schräg

Mach eine Pause,
Atme tief
Und schau nach dem, was du geschafft
Vertreib Dämonen,
Üblen Mief
Und lass dir Zeit,
Dann geht's nicht schief
Auch wenn der Teufel hässlich
Gafft

Du bist doch stark
Beinah gesund
Hör auf dein Herz,
Es liebt nur dich
Ist deine Seel auch traurig,
Wund
Für dich kommt bald die große Stund
Die Hoffnung lebt
Besinne dich

Manchmal

Ach, manchmal willst du mutig sein
Und tun, was man so denkt von dir
An manchem Tag bleibst du allein
Dann willst du gar nicht mutig sein
Dann sehnst du dich nach da und
Hier

Ach, manchmal denkst du oft zurück
An jene Zeit,
Die du geliebt
Du suchst nach Liebe, Hoffnung, Glück
Oft willst das Alte du zurück
Und betest, dass kein Leid geschieht

Ach, manchmal willst du ganz viel Geld
Bist neidisch auf so manch´ Idiot
Frustriert schimpfst du auf alle Welt
Weil du Erfolg nicht hast
Und Geld
Dann hast du Wut und siehst nur
Rot

Ach, manchmal heulst du laut und leis
Dabei hast du dazu kaum Grund
Du bist noch lang kein Tattergreis
Du bist gesund und nicht aus Eis
Sprichst starkes Wort zu guter Stund

Es wird schon kommen
Wie es kommt
Und Viele, die beneiden dich
Du wirst schon sehen, dass sich´s lohnt
Und manche Nacht hat vollen Mond
Du bist noch da
Und zeigst
Gesicht

Erkenntnis

Ich konnte niemals sagen:
Komm setz dich her und bleib
Ich durfte niemals fragen
Und niemals lieben, wagen
Es war wohl nie die Zeit

Ich durfte selten sagen:
Ich habe jetzt Erfolg
Ich konnt es selten wagen
Wohl war es mein Versagen
Mein Ring war nie aus Gold

Ich sollte niemals sagen:
Ich lebe gern und
Jetzt
Ich konnt es selten wagen
An manchen Nächten,
Tagen
Ward ich zu oft verletzt

Die Liebe und das Leben
Für mich vom Traum kein Stück
Da war zu wenig Segen
Vom Wind sollt wohl verwehen
Das allzu große
Glück

Ende und Anfang

Irgendwo auf dieser Welten
Wartest du aufs große Glück
Ja, du weißt,
Du willst was gelten
Niemand darf dich rügen,
Schelten
Und du kriechst dahin
Manch´ Stück

Längst bist du vorbei,
Vergessen
Weil dich niemand kennen will
Wolltest gern vom Kuchen
Fressen
Wolltest dich mit jedem
Messen
Doch in deinem Herz bliebs
Still

Einsamkeit zerfrisst und wabert
Durch dein Hirn,
Durch Mark und Bein
Wo die letzte Hoffnung hadert,
Bleibt nur Kälte,
Die dir schadet
Längst willst du ganz anders sein

Doch dein Leben klebt wie Kotze
Geht nicht vor und nicht zurück
Lügen fallen aus der Glotze
Deine Nase strotzt von
Rotze
Nur im Traum lebt noch dein Glück

In Gedanken killst du jeden,
Der dir mal zu nahe kommt
Du willst fliehen
Bis nach Schweden
Nie mehr auf der Stelle treten
Doch du hast es nicht
Gekonnt

Und die andern grinsen zynisch
Ziehen stumm an dir vorbei
Du weißt längst,
Das ist nicht rühmlich
Fühlst dich krank und tot
Und dümmlich
Und dein Hirn zerkocht wie
Brei

Schwer dein Kopf, dein Leib,
Die Seele
Jeder Tag ward zum Schafott
Schnaps und Tränen schnürn die Kehle
Dass dich niemals mehr was quäle
Wo kein Leben,
Da nicht
Gott

Ach, dein Ziel verschwimmt im Regen
Gibst du auf,
Dann ist es fort
Doch wie willst du noch was geben
Doch woher kommt noch ein Segen
Wenn dir fehlt ein rechtes
Wort

Lass die Hoffnung dir nicht klauen
Jag die Dummheit weg von dir
Du musst stets nach vorne schauen
Kannst vielleicht was Großes bauen
Immer noch ist Glaube hier

Kämpfst dich dann aus aller Scheiße
Irgendwann
Geht's steil bergauf
Und die Kraft schlägt laut,
Nicht leise
Und dein Hirn kennt jene Weise
Und du stehst erneuert auf

Die Löwin

Ein Hauch ist ihr geblieben
Von ihm,
Von seinem Ich
Das Leben hat geschrieben,
Ihn in den Tod getrieben
Ein Schock ganz sicherlich

Im Feuer schnell gestorben
Nur Asche blieb vom Haus
Dies Leben scheint verloren
Wo auch ihr Blick erfroren
Ein Mahnmal und
Ein Graus

Nun wird sie weiterziehen
Mit ihrem Kind,
So klein
Ein Hauch ist ihr geblieben
Ihr Leben hat geschrieben
So sollt es nimmer sein

In Nächten und an Tagen
Hört sie von Fern ein Lied
Wohl bleiben tausend Klagen
Wohl bleiben so viel Fragen
Wird's heller
Bleibt es trüb

Ja, sie wird weiterziehen
Das ist bei ihr so Brauch
Mit ihrem Kind,
Dem lieben
Ihr Leben hats geschrieben
Ihr blieb im Herz
Ein Hauch

Schneesturm

Sie fragte ihn:
Wo willst du hin
Erstarrt sah er ihr ins Gesicht
Es hatte wohl auch keinen Sinn
Er wollte fort
Egal
Wohin
Und trübe schien das Kerzenlicht

Er zog sich an,
Lief schnell hinaus
Ein Schneesturm kühlte sein Gesicht
Im Eiswirbel nicht Mann,
Nicht Maus
Es war so kalt,
Ein wahrer Graus
Am kleinen Bahnhof brannte Licht

Auf Bahnsteig 3
Stand noch ein Zug
Der Schnee verwirbelte die Zeit
Ein Alptraum
Oder
Selbstbetrug
Vom Alltag hatte er genug
Für eine Nacht
Vom Zwang befreit

Ein junger Mann mit schwarzem Schal
Kam auf ihn zu,
Umarmte ihn
Sie sahen sich das erste Mal
Und küssten sich ganz ohne
Qual
Und plötzlich machte alles Sinn

Vom Schneegestöber eingehüllt
Da liebten sie sich
Heftig, heiß
Manch´ ferner Traum schien da erfüllt
Ein Liebesbrief
Im Schnee zerknüllt
Die Liebe schmolz die Nacht,
Das Eis

Bleibst du bei mir – so fragte er
Der andere Mann blieb still und
Schwieg
Noch einen Kuss,
Der leicht und
Schwer
Dann war der Bahnsteig menschenleer
Und niemand aus dem Zug mehr stieg

Der Schneesturm fauchte dumm und
Klug
Der Zug fuhr ab
Ins Nirgendwo
War alles nur ein Selbstbetrug
Wenn man vom Alltag hat genug
Gibt's Leben nur im
Anderswo

Er schlug den Kragen hoch und ging
Ihm war nicht kalt
Auf Bahnsteig 3
Der Schneesturm sich im Nichts verfing
Ein bisschen Liebe nur,
Ein Sinn
So vieles scheint oft
Einerlei

Noch einmal drehte er sich um
Da war kein Zug,
Kein Mann,
Kein Kuss
Die Flocken wirbelten recht krumm
Er lief nach Hause
Lächelnd,
Stumm
Weil das so ist
Weil man´s so
Muss
???

Dunkle Wege

Dunkle Wege in die Hölle
Alles geht nur noch begrab
Wo ist Gott,
Auf den ich zählte
Kaum noch Hoffnung
Nur noch Kälte
Und am End seh ich mein Grab

Düsternis in allen Straßen
Nacht droht überall um mich
Regen in den engen Gassen
Welt, ich spür,
Du willst mich hassen
Mann, ich fühl mich fürchterlich

Stillstand klebt mich fest am Orte
Hier scheint alles tot und öd
Fast schon fehlen mir die Worte
Bin nicht von der starren Sorte
Diese Stille find ich blöd

Warum lässt mich Gott verzweifeln
Warum findet er das toll
Warum darf mich niemand streicheln
Nein, ich kann so keinem schmeicheln
In mir drin schreit Angst und
Groll

Lang such ich nach einem Wege
Der mich aus dem Alptraum führt
Doch verkohlt sind alle Stege
Fühl nicht, dass ich doch noch lebe
An dem Ort,
Wo man nichts spürt

Einsamkeit in meiner Seele
Einsamkeit in Herz und Blick
Wie ich mich auch immer quäle
Trete ständig auf der Stelle
Komme vorwärts nicht ein Stück

Alles scheint vorbeigezogen
Überholt von Glück und Zeit
Hab mich selbst zu oft belogen
Wohl zu lange Gott beschworen
Jetzt herrscht nur noch Dunkelheit

Ach, ich irr durch mein Verderben
Ists nun Hölle
Oder nicht
Keineswegs will ich jetzt sterben
Alles liegt noch nicht in Scherben
Ja, ich hoff noch auf mein Licht

Ekel

Übelkeit drückt in der Kehle
Klebt den Magen mir schon zu
Dieser Ort fällt im Gerede
Hier ists jämmerlich und blöde
Das Gesindel gibt kaum
Ruh

Ekelhaft der Heimat Wege
Überall nur Unrat,
Dreck
Lieber ich woanders lebe
Lieber ich was Schönes sehe
Und ich will nur eines:
Weg

Scheiße ists in meinem Hause
Assi-Nachbarn überall
Hier bleibt weder Laus
Noch
Mause
Alles Abschaum,
Übler Grause
Nur der letzte Assi-Stall

Mob keift wütend durch manch´ Straßen
Deren Geld wird langsam knapp
Und ich spür,
Wie alle hassen
Die da oben gierig prassen
Ja, ich hab dies alles satt

Ekel würgt mir in der Kehle
Selbst der Pfarrer ist ein Schwein
Schwindelt, lügt sich durch manch´
Seele
Ach, wie immer ich mich quäle,
Fällt zu dem mir Schlimmes ein

Alles hier stinkt nach Versagen
Nur der Wald liegt schweigend,
Still
Dort stell ich mir tausend Fragen
Manchmal platzt der feste
Kragen
Und ich hab ein andres Ziel

Diese Gegend scheint verloren
Drogen,
Abscheu
Überall
Und die Blicke sind erfroren
Dummheit bleibt hier ungeschoren
Flucht ist mir die beste
Wahl

Fragen

Sorgenvoll mit schlimmer Ahnung
Spüre ich des Himmels Warnung
Nein, ich sehe Gott nicht mehr
Nebel macht das Leben
Schwer

Lügen-Pfarrer,
Missbrauchsfälle
Ist dort Gott nicht mehr zur Stelle
Mob und Pöbel auf den Straßen
Lässt Gott Menschen böse hassen

Asoziale Hausverwalter
Viel zu dämlich für ihr Alter
Faulheit, Schwachsinn,
Wenig Bildung
Gott gab -hier- wohl keine Widmung

Kriege, Hunger,
Klima-Hölle
Menschen auf der Armuts-Welle
Gott scheint da wohl in den Ferien
Vielleicht schaut er -heiße- Serien

Für Gesundheit muss man zahlen
Zahlt man nicht,
Stirbt man mit Qualen
Wo ist Gott bei all der Scheiße
Wohl schon lang auf weiter Reise

Mietenwahnsinn,
Spekulanten
Manch´ Betrüger in den Landen
Drogendealer fülln sich Taschen
Gott hat alle wohl verlassen

Korruption und Schmierereien
Fake-News in manch´ Medien schreien
Pöstchen schiebt man quer durchs Amte
Gott schaut weg bei solcher
Schande

Ehrlichkeit, Respekt und Wissen
Darf man hier im Land vermissen
Ist man asozial und kriminell
Kommt man weiter flott und schnell

Anspruch, Lust und echte Liebe
Längst verspielt im Puff der Triebe
Wenn du ekelhaft
Versaut
Man dir goldene Brücken baut

Manchem Rentner fehlts an Sonne
Sucht nach Leergut in der Tonne
Weil die Rente nicht mehr reicht
Er nun zum Sozialamt schleicht

Dummheit hetzt durch triste Gassen
Hast du Geld,
Dann darfst du prassen
Dann kaufst du dir alles Recht
Kannst du´s nicht,
Dann geht's dir schlecht

Ja, man möchte fort
Und fliehen
Ganz weit zu den Sternen ziehen
Gott ist hier schon lang nicht mehr
Überall scheints öd und leer

Noch schwingt Hoffnung tief im Herzen
Leuchten vorm Altar noch Kerzen
Wenn die Seele spürt noch Kraft
Hats der Glaube dann geschafft

Düsternis

Düsternis klebt in der Stadt
Wo du harrst,
Wo´s nichts mehr hat
Einsamkeit und Starre nur
Und dein Wunsch verhallt so stur

Du willst fort aus diesem Nest
Wo die Zeit gefahren fest
Wo die Dummheit kriecht ums Eck
Wo die Nachbarschaft wie Dreck

Abscheu lähmt den Leib
Den Sinn
Dieses Kaff ist kein Gewinn
Ängste lähmen deinen Geist
Der längst in die Ferne
Streift

Warum straft dich Gott nur so
Warum bist du nicht mehr froh
Warum kommst du hier nicht fort
Warum dieser miefig´ Ort

Eine Antwort gibt es nicht
Schweigen nur
Und kaum ein Licht
Dunkle Straßen,
Regennass
Tränensang
Und welkes Gras

Eines Tages aber dann
Ziehst du deine Jacke an
Steigst ins Auto
Und hast Mut
Und fährst los
Und es wird gut

Betrachtung

Man sagt, er brachte Menschen um
Ein Serienkiller, ziemlich fies
Man sagt, er sei sehr roh und dumm
Ich weiß – er brachte Kinder um
Sein ganzes Wesen – total mies

Ein Mann, so um die zwanzig Jahr
Nicht hässlich, dick, kein Supermann
Den Leuten ist wohl alles klar
Mir scheint so vieles sonderbar
Was dachte er so dann und wann

Zwei Jungen hat er umgebracht
Er hats gestanden
Sitzt jetzt ein
Er wird jetzt ziemlich schwer bewacht
Weil er sie eiskalt umgebracht
Im Knast will niemand "Mörder" sein

Ich melde mich beim Staatsanwalt
Denn ich will sprechen mal mit ihm
Er hat gemordet tief im Wald
An einem Tag, der bitterkalt
Sein Leben macht wohl kaum noch Sinn

Drei Tage später dann im Knast
Sitzt er mir gegenüber schon
Ich schau ihn an – er scheint so blass
Das Fenster wischt ein Regen nass
Er ist so jung
Wie manch´ ein Sohn

Sein Blick ist trüb
Er weicht mir aus
Will er nicht sprechen über „Das"
Da ist kein Teufel
Auch kein Graus
Doch ist er keine zahme Maus
Ich frage ihn: „Wieso, wie, was"

Durchs Fenstergitter flieht sein Blick
Kaum eine Regung spür ich, nichts
Vielleicht ist es auch nur ein Trick
Vielleicht ist ängstlich er ein Stück
In diesem Knast
Jenseits des Lichts

Zwei Wärter stehen vor der Tür
Die sind recht mächtig, stark und groß
Der Junge auf dem Stuhl vor mir
Scheint bleich und schwach
Kein wildes Tier
Die Hände zittern ihm im Schoß

Dann spricht er leis, so zaghaft, schwer
-Er hörte Stimmen laut in sich-
Ganz tief in ihm wards da so leer
Er sagt, er tut so was nie mehr
Doch tröstet das nicht ihn
Nicht mich

Ich denk, als er so mit mir spricht
An seine Opfer, die jetzt tot
Sie hatten Mütter sicherlich
Die leiden jetzt so fürchterlich
Er brachte so viel Leid
Und Not

Wie hält man´s aus, frag ich mich nur
Wie kann man das ertragen, wie
Er sagt es nicht
Ist er zu stur
Ist da von Reue keine Spur
Schläft man des nachts als Mörder nie

Doch alles, was er sagt und meint
Verwischt, verschwimmt im Zimmer hier
Als er dann vor mir kniet und weint
Als er kein Mörder und kein Feind
Ist selbst er Opfer – ohne Zier

Die Zeit verrinnt, ist bald vorbei
Man führt ihn fort
Man faucht ihn an
Noch einmal schaut er – einerlei
Die Uhr zeigt nachmittags um 2
Er ist ein Junge doch
Kein Mann

Allein bleib ich im Raum zurück
Steh langsam auf und schau und schweig
An diesem Ort, so fern vom Glück
Begreif ich nichts
Kein einzig´ Stück
Beinah tut er mir sogar leid

Wie seine Opfer – tot, vorbei
So starb er selbst – fort, wegradiert
Sein Leben sinnlos, aus, ein Schrei
Nie wieder Menschsein
Nie mehr frei
Nur noch ein Wesen, das erfriert

Die Leute rufen: „Tod dem Schwein"
„Wozu noch Knast für solchen Dreck"
Ich fühl mich ratlos
Muss das sein
Doch wer vergibt
Macht man sich klein
Erfüllt die Todesstraf' den Zweck

Viel später schreib ich den Bericht
Und weiß nicht, wie ich's schreiben kann
Der Regen wäscht das Fensterlicht
Als man im Radio plötzlich spricht:
Er hat erhängt sich
Irgendwann

Eine Frau

Wieder mal den Weg zum Amte
Stolpert sie so gegen 6
Noch ist sie die Unbekannte
Stolpert schnell den Weg zum Amte
Das liegt vor ihr links
Dann rechts

Brötchen, Kaffee, diesen lauen
Ein Gespräch kurz auf dem Gang
In die Unterlagen schauen
Wie viel werden sich heut trauen
Und die Zeit scheint ewig lang

Auf dem Stuhl, dem harten, kalten
Nimmt sie Platz, schaut hin und her
Menschen muss sie hier verwalten
Jenen Tag mit Sinn gestalten
Und manch Schicksal wiegt so schwer

Schon kommt rein der erste Kunde
Der sucht Arbeit
Oder nicht
Ziellos starrt er in die Runde
In der Seel klafft ihm 'ne Wunde
Angst sitzt tief ihm im Gesicht

Wut und Hoffnung muss sie kennen
Manchmal Härte auch
Und Mut
Nein, es bleibt kaum Zeit zum Flennen
Manchmal nachts ist Zeit zum Pennen
Oftmals glüht noch Arbeitswut

Ja, sie weiß, man liebt sie selten
An dem Ort, wo gar nichts gleich
Jenes Amt der tausend Welten
Wo manch´ Regeln kaum noch gelten
Hier wird niemand wirklich reich

Wenn die Kunden dann gegangen
Ordnet sie den Aktenberg
Hier, wo manches unverstanden
Wo sich niemals Menschen fanden
Schaut sie plötzlich recht verklärt

Packt die Tasche und hält inne
Ob sich das mal ändern wird
An der Decke eine Spinne
Leis tropft Regen aus der Rinne
Alles scheint total verkehrt

Sollt sie wirklich einsam bleiben
Haus und Auto
All dies Zeug
Kommen auch mal bessre Zeiten
Ohne Klar- und Ebenheiten
Ohne künstlich-glatter Freud

Doch dann wischt sie sich die Augen
Aus der Haut kommt sie nicht raus
Dieser Traum vom Meer, dem blauen
Schon versunken
Kaum zu glauben
Schnell trinkt sie den Kaffee aus

Stumm nimmt sie vom Eisenhaken
Ihren Mantel
Ihren Schal
Zwischen Mondlicht, Mücken, Schnaken
Wird sie durch den Regen waten
Morgen früh
Und wieder mal

Zwischenstopp

Im Fahrstuhl zwischen Hoch und Runter
So zwischen zwei Terminen – kurz
Da wart´ ich, gar nicht froh und munter
Im Lift, so zwischen Rauf und Runter
Und mancher Witz scheint weit und schnurz

Auf einmal stockt der Lift, bleibt stehen
Im Nirgendwo
Ich weiß nicht wo
Wann wird das Ding wohl weitergehen
Ganz plötzlich fängt sich´s an zu drehen
Mir wird´s recht schwindelig und so

Ne alte Frau steht da und wartet
Sie schaut mich an mit starrem Blick
Ich hoff, dass dieser Lift bald startet
Und jene Frau, die seufzt und wartet
Wann endet dieses Missgeschick

Die Alte scheint das wohl zu spüren
Sie sagt: „Ach Jungchen, du hast Zeit"
Ich weiß, ich sollt´ mich wohl nicht zieren
Was kann ich hier wohl schon verlieren
So manche Stunden ziehn sich weit

Wir reden über Das und Dieses
Ich lehn mich an die Fahrstuhltür
Wir sprechen über Gutes, Mieses
Im Leben gibt's so manches Fieses
Im Fahrstuhl zwischen Dort und Hier

Ich schau zur Uhr, muss plötzlich grinsen
Hier drin scheint nichts mehr wichtig, ach
So vieles ging mir in die Binsen
Oft schmeckten nicht mal Mittagslinsen
Und manchmal schien ich kaum noch wach

Die alte Frau nahm meine Hände
„Nehms nicht so schwer, das hilft dir nicht"
In jenem Lift, wo kühl die Wände
Hielt sie voll Güte meine Hände
Es flackerte das Fahrstuhllicht

Ja, da begriff ich, was sie meinte
Ich sollte viel mehr leben noch
Was mich mit dieser Frau vereinte
War der Gedanke
Und ich weinte
Wann ging´s im Fahrstuhl runter, hoch

Ein starker Ruck, dann ging es weiter
Recht schnell sprang auf die Fahrstuhltür
Ich sah den Tag, er war so heiter
Und irgendwie schien ich gescheiter
Seit jenem Fahrstuhlstopp all hier

Ich tauchte ein in Stadt und Leben
Oft fiel mir ein der Alten Wort
Von Herz und Seel konnt ich was sehen
Erinnerung an manches Schweben
Im Fahrstuhl zwischen
Hier und Dort

Ein Stückchen Hoffnung

Es war am Rand der großen Stadt
Da lebte er mit sich allein
Dort, wo die Welt nichts Warmes hat
Hat er gelebt, allein, nicht satt
Er wollt es nicht
Es musste sein

So manchen Joint am Morgen schon
Den er gefunden irgendwo
Er triebs mit manchem Hurensohn
Für wenig Geld
Was macht das schon
Ein Stückchen Leben
Oder so

An einem Tag, der anders schien
Fand er den Mann
Der ihm gefiel
Er zog mit ihm mal her,
Mal hin
Es machte alles einen Sinn
Vielleicht war das sein neues Ziel

Der fremde Kerl hat ihn gemocht
Er fand ihn lustig sicherlich
Er hatte ihm mal was gekocht
Dort, wo der Specht ins Holze pocht
Da sagte er: "Ich liebe dich"

In seinen Armen träumte er
Von manchem Glück
Vom fernen Land
Mit diesem Mann ans blaue Meer
Ein Stückchen Leben, das nicht leer
Ein bisschen nur die fremde Hand

Doch irgendwann als Regen fiel
War jener Fremde plötzlich fort
Und wieder neu
Das alte Spiel
So arm und einsam, ohne Ziel
An einem kalten, stillen Ort

Ein Stückchen Hoffnung war da noch
Er dachte an den Fremden oft
Das hielt ihn fern
Von manchem Loch
Das schmolz dahin ganz sacht jedoch
Manch´ Träne aus den Augen tropft

Bald zog er weiter seinen Weg
Am Rand der Stadt mit seinem Joint
So Vieles schien vom Wind verweht
Sein Leben wohl total verdreht
Auf keiner Suche nach ´nem Freund

Ein Husten quälte plötzlich stark
Das Blut lief ihm aus Nas´ und Mund
Der Hölle nah an Nacht und Tag
Er hielt sich noch
Hat nicht geklagt
Sein Leib so krank
Die Seele wund

Halbtot und schwer
Fast wie ein Stein
Versank er unterm Blätterdach
Am Rand der Stadt
So sollt es sein
Nur er, sein Traum, der Mondenschein
Noch nie war er so hell und wach

Es war am Rand der kalten Stadt
Als er die Augen leise schloss
Dort wo der Wald noch Träume hat
Verschwand er still
Vom Leben matt
Ein Stückchen Hoffnung
Gar nicht groß